"Diabolically addictive."
—*New York Post*

"A puzzling global phenomenon."
—*The Economist*

"The biggest craze to hit *The Times* since the first crossword puzzle was published in 1935."
—*The Times* of London

"The latest craze in games."
—BBC News

"Sudoku is dangerous stuff. Forget work and family—think papers hurled across the room and industrial-sized blobs of correction fluid. I love it!"
—*The Times* of London

"Sudoku are to the first decade of the twenty-first century what Rubik's Cube was to the 1970s."
—*The Daily Telegraph*

"Britain has a new addiction. Hunched over newspapers on crowded subway trains, sneaking secret peeks in the office, a puzzle-crazy nation is trying to slot numbers into small checkerboard grids."
—Associated Press

"Forget crosswords."
—*The Christian Science Monitor*

Also Available

Sudoku Easy Presented by Will Shortz, Volume 1
Sudoku Easy to Hard Presented by Will Shortz, Volume 2
Sudoku Easy to Hard Presented by Will Shortz, Volume 3
The Ultimate Sudoku Challenge Presented by Will Shortz
Sudoku for Your Coffee Break Presented by Will Shortz
Sudoku to Boost Your Brainpower Presented by Will Shortz
Will Shortz Presents Sun, Sand, and Sudoku
Will Shortz's Favorite Sudoku Variations
Kakuro Presented by Will Shortz
Will Shortz Presents Easy Kakuro
Will Shortz Presents Simple Sudoku, Volume 1
Will Shortz Presents Sudoku for Your Bedside
Will Shortz Presents Sudoku for Stress Relief
Will Shortz Presents Quick Sudoku, Volume 1
Will Shortz Presents Sudoku for the Weekend
Will Shortz Presents Sudoku for a Lazy Afternoon

For Sudoku Lovers: 300 Puzzles in Just One Book!

The Giant Book of Sudoku Presented by Will Shortz
Will Shortz Presents The Monster Book of Sudoku
Will Shortz Presents The Super-Colossal Book of Sudoku
Will Shortz Presents The Big Book of Easy Sudoku

Try These Convenient, Portable Volumes

Pocket Sudoku Presented by Will Shortz, Volume 1
Pocket Sudoku Presented by Will Shortz, Volume 2
Pocket Sudoku Presented by Will Shortz, Volume 3
Pocket Sudoku Presented by Will Shortz, Volume 4
Summertime Pocket Sudoku Presented by Will Shortz
Summertime Pocket Kakuro Presented by Will Shortz
Will Shortz Presents Vacation Sudoku
Will Shortz Presents Light and Easy Sudoku
Will Shortz Presents Easy to Hard Sudoku

WILL SHORTZ PRESENTS
The First World
SUDOKU
Championship

100 WORDLESS CROSSWORD PUZZLES

EDITED BY
WILL SHORTZ

PUZZLES COLLECTED AND COMPILED BY
NICK BAXTER

ST. MARTIN'S GRIFFIN
NEW YORK

www.stmartins.com

ISBN-13: 978-0-312-36370-3
ISBN-10: 0-312-36370-2

10 9 8 7 6 5 4 3 2

Introduction

What does it take to become a sudoku champion? Logic, a lightning-quick mind . . . and practice, practice, practice.

In March 2006, eighty-five national sudoku champions and enthusiasts from twenty-two countries met in the historic city of Lucca, Italy (about forty miles WNW of Florence), for the First World Sudoku Championship. The tournament was sponsored by Nonzero, an Italian puzzle magazine company, under the aegis of the World Puzzle Federation. The goal was to find the best sudoku solver on the planet.

On the first day of the championship, solvers attacked forty sudoku puzzles of various sorts—classic sudoku, diagonal sudoku, wacky sudoku, odd-even sudoku, and others. Contestants scored points for accuracy and speed. On the second day, the top nine solvers moved on to a playoff, competing in seven consecutive elimination rounds, each seemingly harder than the one before, with the lowest-scoring player being dropped in each round. The playoffs were conducted on giant boards on easels for everyone to watch, including media representatives from around the world.

When it was over, the crown went to Jana Tylova, age thirty-one, a factory accountant from Most, Czech Republic, who had practiced for the championship by solving sudoku for one to two hours a day. At the awards ceremony she said, "There is no difference between men and women. I tried to prove that even in logic, women can stand on the same level."

Second place went to an American, Thomas Snyder, age twenty-six, a graduate student in chemistry at Harvard. Third place also went to the United States—Wei-Hwa Huang, age thirty, a software engineer for the Internet search company Google.

The winners of the First World Sudoku Championship (left to right): Wei-Hwa Huang (third place), Jana Tylova (first place), Thomas Snyder (second place)

In this book we've compiled our favorite puzzles from the first WSC, including the satanic final playoff puzzle (#100). This one was so hard that only Jana was able to complete it within the fifteen-minute time limit. (We assure you it is solvable using step-by-step logic, no guessing needed. But take all the time you need!)

Leading up to the WSC puzzles, we present some original warm-up sudoku by Wei-Hwa Huang and Trisha Lantznester (puzzles #1–#25) plus sudoku used in national championships around the world.

The material in this book was compiled by my colleague Nick Baxter, the captain of the U.S. team at the WSC. He and I would like to thank Riccardo Albini, of Italy, who organized the first WSC. We'd also like to thank our puzzling friends in the Czech Republic, Hungary, Italy, the Netherlands, Poland, and Turkey for supplying puzzles from their respective sudoku championships.

Enjoy the puzzles.

For information on future World Sudoku Championships, as well as info on how to try out for your national team, please see http://wpc.puzzles.com and www.worldpuzzle.org.

—Will Shortz

Results Before Playoffs

1. Thomas Snyder, United States
2. Wei-Hwa Huang, United States
3. Zoltan Horvath, Hungary
4. Shinichi Aoki, Japan
5. Robert Babilon, Czech Republic
6. Peter Hudak, Slovakia
7. Nikola Zivanovic, Serbia and Montenegro
8. Jana Tylova, Czech Republic
9. Tetsuya Nishio, Japan
10. Tomas Hanzi, Czech Republic
16. Ron Osher, United States
28. Jim Schneider, United States
29. Kirstin Boes, United States
50. Grayson Holmes, United States

How to Solve Sudoku Variations

These instructions assume you are familiar with the regular sudoku rules; namely, each row, column, and 3 × 3 box should contain the numbers 1–9 exactly once. Puzzles #1–#49 and #100 are regular-style, "classic" sudoku. Of these, puzzles #1–#24 are "warm-up" puzzles of increasing difficulty to get you set for the actual tournament puzzles, which begin with puzzle #25. When you're ready, the last seven puzzles in the book (#94–#100) are the Championship Round puzzles from the 2006 World Sudoku Championship!

Diagonal Sudoku (Puzzles #50–#61)

Standard Sudoku rules apply; additionally, both diagonals contain each of the numbers from 1 to 9 exactly once.

Killer Sudoku (Puzzles #62–#75)

Standard Sudoku rules apply; additionally, the sum of the numbers in every outlined region is equal to the corresponding number given in the corner of the outline. No number is repeated within a given outlined region.

Wacky Sudoku (Puzzles #76–#81 and #98)

Standard Sudoku rules apply, except that the normal 3 × 3 boxes are replaced by nine irregularly shaped regions.

Odd-Even Sudoku (Puzzles #82–#85)

Standard Sudoku rules apply; additionally, the gray squares contain only even numbers and the white squares contain only odd numbers.

Star Sudoku (Puzzles #86–#87)

Fill in the triangles so that every large triangle and every row of eight or nine small triangles (in each of three directions) contains each of the numbers from 1 to 9 no more than once. Some rows will pass over the hole in the middle of the diagram.

0–9 (Ten-Digit) Sudoku (Puzzles #88–#89)

Fill in the squares so that every row, every column, and every 3 × 3 box contains each of the numbers 0 to 9 exactly once. The divided squares each contain two digits (it's up to you to figure out which two).

Diagonal Magic Sudoku (Puzzle #90)

Rules for Diagonal Sudoku apply; additionally, in each 3 × 3 box, the numbers in the light gray squares are all less than the number in the dark gray square.

+/−1 Sudoku (Puzzles #91–#93)

Standard Sudoku rules apply; additionally, all pairs of neighboring squares containing consecutive numbers are marked by a circle.

Extra-Regions Sudoku (Puzzle #94)

Standard Sudoku rules apply; additionally, the three shaded regions each contain each of the numbers from 1 to 9 exactly once.

Outside Sudoku (Puzzle #95)

Standard Sudoku rules apply; additionally, the outside numbers must appear in the corresponding row or column of the immediately adjacent 3 × 3 box, but in no particular order.

Combined Sudoku (Puzzle #96)

Standard Sudoku rules apply; additionally, every 3 × 3 box uses a different variation rule:

Digital Sudoku: Digits are replaced with liquid crystal display, as shown in the example digits

Odd-Even Sudoku: See rules on page viii

+/−1 Sudoku: See rules above

Killer Sudoku: See rules on page viii

Standard Sudoku: No variation

Pips Sudoku: Digits are replaced with domino pip patterns, as shown in the example digits

Large-Small Sudoku: The squares with circles contain the numbers greater than five, and the plain squares contain the numbers less than six

Greater-Than Sudoku: The relationship between the numbers in neighboring squares is indicated by a greater-than sign

Addition Sudoku: The sum of the three-digit numbers in the first two rows is equal to the bottom row

Cubic Sudoku (Puzzle #97)

Fill in the squares so that every outlined box and each of the twelve bands of eight squares (following the directions indicated by the arrows) contains each of the numbers from 1 to 8 exactly once.

Toroidal Sudoku (Puzzle #99)

Rules for Wacky Sudoku apply; additionally, some of the irregularly shaped regions wrap around between the top and bottom, and/or the left and right edges of the grid.

5	4			1			6	2
9	1		4		6		8	7
		2		8		9		
	9		8		2		5	
3		4		7		2		8
	8		6		9		4	
		7		6		8		
8	2		7		1		3	5
4	3			5			7	6

2	9	6		1				7
7			5	2	3			6
4				7		9	1	2
	6						5	
9	5	4				2	6	1
	2						9	
6	8	2		9				3
1			7	6	3			5
5				8		6	4	9

WARM-UP: Light and Easy   **3**

	7	8	9		4	2	6	
2		3				7		5
		9				3		
			3	2	6			
	8	7				6	1	
9					7			3
	2	4			8			7
			4		3	1	2	6
7	3	6			5			9

WARM-UP: Light and Easy

					1	2	7	
	8	2	3		9	5	6	
	4	6	5		7	9	3	
	7	3	9					
						1	2	3
		1	4	3		7	8	9
4		5	1	6		3	9	7
6		7	2	9				
9							4	2

3				2			1	6
6	9	8	1	7			2	5
4				5				8
		2				8		9
		4	5	9	6	3		
9		5				1		
1				4				3
5	4			6	8	2	9	1
2	8			1				7

	2	7	1	5	4	3	9	
	5	9		6		2	7	
	8			7			6	
	6	1	2	9	5	8	4	
	3			8			5	
	9	8		1		5	3	
	7	5	8	4	6	9	2	

8	5			7			4	6
	9						7	
	1	6		2		5	9	
			6		2			
9		1		3		4		2
			9		1			
	8	9		5		7	6	
	2						1	
5	4			1			2	3

8   WARM-UP: Moderate

		8			9			1
3		4			2			
		6				4	3	8
8	7			6				
			5		4			
				9			2	7
6	4	2				8		
			1			6		2
5			9			3		

4			2	3			8	9
3					6			
	1					7	2	
		4						2
	3						5	
7						1		
	5	2					7	
			8					6
8	9			1	2			4

9		6	5				4	8
	8			9				3
		7			8			
2			6			7		
	9			5			6	
		8			4			5
			7			3		
5				6			2	
6	7				3	4		9

			4		7			
	5	6		1		7	2	
	8						5	
1			6	9	8			4
	6		5		1		7	
3			2	7	4			1
	3						4	
	1	7		4		2	9	
			7		6			

12 WARM-UP: Moderate

9					1			4
			4	7	3			
2			9					8
	2					8		9
	7			8			3	
6		1					5	
		3	7	5		6		
				3				
		5		9	4	1		

5		2			6	7		3
1	9	7	8			6	4	5
	5		2				3	
3		8			9	1		2
4		1			3	8		6
	3						2	
	8		5				9	

14 WARM-UP: Moderate

	8	7		6		5		2
	5	4	3	2	1			
6						9		
7			2	1		8		
8		3				7		
	9		4	5	6			7
		1					5	6
		2		3		4		

8		1				6		4
	9			1			3	
			4		5			
	5		2		3		9	
7	3			6			4	5
	2		5		4		8	
			8		6			
	8			4			1	
2	4	7				5		8

				3				
	4				8		5	
6		2		7		1		
		9					8	
	5						3	
	1					7		
		7		1		2		8
	3		5				6	
				4				

5				2				6
			5		9			
		3				8		
	9						8	
4								1
7			2	3	6			4
8		9		6		7		2
	5			1			3	
	3		7	4	8		5	

		5	2		8	3		
	4			5			1	
	9		4		3		6	
		7				8		
4			7		9			1
8			5		2			6
		3		2		7		
	2			7			9	
				6				

		3		2			7	
				6				9
5	2		8					
		1			4	3		8
4		6	7			5		
					5		9	4
6				3				
	8			9		1		

WARM-UP: Demanding

3			2	1			4	8
	4	1			6			
						7	5	
8	1		4			3	2	
		5		3	7			
							6	9
		2	7					
9		7	3		1			
4					8			

			7	5	6			
	2		4		9		8	
			8	3	2			
5	9	4				6	1	3
6		8				9		7
7	3	2				5	4	8
			1	7	3			
	8		5		4		3	
			6	2	8			

WARM-UP: Demanding

5		9	4	1			2	
	8				9		4		
		2				8			6
		6							9
3	7						6	4
9						3		
2			7				5	
		1		8				7
	4			2	1	9		3

7					6	9		
	1			2			4	
		3	8					5
			7					
	2	7	4		9	6	1	
			3					
		9	6					8
	4			7			9	
6					8	7		

WARM-UP: Demanding

					3	5		
		2	9					6
1						4	9	
			4	5				
6	3			2			7	5
				8	6			
	5	7						8
2					4	3		
		9	6					

	4	1		2		8	9	
	5						6	
2		8				7		5
				8				
	1		5	6	4		7	
		9				6		
8			2	1	3			7
1								6
	2						3	

Classic Sudoku

9		7				4		6
			3		4			
4				5				8
	4						2	
		1		8		5		
	3						1	
6				2				3
			1		7			
1		2				9		5

			2		7			
		8				5		
4	1			8			7	9
7								1
		9				3		
2								6
6	5			4			8	2
		3				7		
			6		9			

Classic Sudoku

8		7				5		6
	4			2			7	
		3				9		
					4			
	3			1			8	
		7						
		6				2		
	2			3			1	
9		5				6		7

				3	2			
	8					5		
				7				
7	6						2	
							4	7
			1					
			8			6		5
9						3		
2								

30 Classic Sudoku

				7		3		
	2							
	9							
7				5		4		
			6				2	
1								
5		4				1		
			2		9			6
			8					

					9			
6				4	5			
8						3		
						6	4	
		3				8		
	9	2						
		5						2
			1	6				4
			8					

32 Classic Sudoku

		2	7		6			
		4			8	7		
	7		1				2	6
4	1			8		3		7
			4		7			
2		7		9			8	4
3	2				4		9	
		5	2			4		
			8		9	2		

				6	5		1	
	9	3						
					1			
5		6						
		1				4		
						9		8
			4					
						3	5	
	7		9	8				

Classic Sudoku

5				1				3
	6		2		3		7	
				6				
	9		6		1		3	
6		4				2		5
	7		5		9		4	
				8				
	8		4		5		6	
1				3				2

	2	7			5			6
						2		
	9			2	3			
5	7		3		8	1		
		2	7		6		3	5
			2	4			8	
		1						
4			8			6	2	

		5	4		6	3		
				8				
9		4				6		1
5				1				8
	1		5	4	9		3	
6				7				4
2		8				7		5
				9				
		1	8		3	4		

3				5				
	6	5			9		7	
					8		4	
7	3		8			4		
			4	9	3			
		8			2		6	1
	7		2					
	5		3			2	9	
				1				4

38 Classic Sudoku

6								1
		1				9		
	4		1	6	9		8	
		8	2		4	5		
		7				3		
		3	7		5	1		
	7		8	5	3		2	
		4				7		
5								3

		9					3	2
6		3	4		7		1	
					8			
5					1	7	2	
				4				
	1	7	2					9
			1					
	7		6		4	5		1
8	6					4		

40 Classic Sudoku

	5		6		2		1	
1			5		7			4
				8				
9	1						8	2
		2		7		1		
5	8						4	7
				2				
3			7		6			9
	6		1		8		5	

			4		3		9	
4	3					5		
	1			2		8		
				9	7			5
2			8		5			7
5			2	1				
		3		8			6	
		8					1	3
	2		3		1			

42 Classic Sudoku

	9		1		4		2	
8		2				1		7
		7	2	9	6	3		
		4	3	1	8	6		
5		6				8		9
	8		7		3		6	

			5			8		
			3			2		
5	9	7	8			4		
						9	8	1
6	4	3						
		2			4	1	5	3
		8			9			
		6			2			

					4			
	7			3				
			1				3	8
					6	5		
	4		8				6	
1		8	4		2			
						2		9
	2	3						
5					7			1

1		3	6					
				9		3		
			2					
							1	6
2				4			7	
	9			5				
6			1		7			
	3					9		
								4

9							2	
							7	6
3						4		5
4		3						
	8	7			6		4	
		2		8	9			
2				4			1	9
					1		5	
5		4		9		7		

	4		7		9		1	
8	3						5	2
6								8
			4	2	3			
9								1
1	8						3	9
	9		5		6		7	

Classic Sudoku

3								4
9					6			7
			5	9				
	8					2		
		6	1		7	5		
		1					9	
				8	4			
1			2					5
7								3

			6					7
			3				1	4
	7	5			1			
							7	5
4								2
6	8							
			1			8	9	
7	2				3			
3					9			

Diagonal Sudoku

					4	3	8	
		3		8				9
				6				7
		1						4
	3	2		4		8	1	
9						7		
2				7				
6				3		1		
	8	4	9					

Diagonal Sudoku (Puzzles #50–#61)

Standard Sudoku rules apply; additionally, both diagonals contain each of the numbers from 1 to 9 exactly once.

	3						9	
8		1				3		5
	7		3		2		8	
		5		7		9		
			6		9			
		8		2		5		
	5		9		8		1	
2		3				4		9
	1						5	

52 Diagonal Sudoku

	5				8			
2	4				5		7	
			4	1		3		
8						2		
	6						9	
		5						8
		6		2	9			
	1		5				2	7
			8				6	

5	8	3						
			2					
	2			9				
1				5	9			
		4				8		
			1	4				2
				2			1	
					6			
						7	3	6

54 Diagonal Sudoku

	6		4			2		
8		9		1				
	2				8			7
7						3		
	4						1	
		5						6
1			6				8	
				7		5		1
		2			5		4	

		4	5				3	
6		7						
							5	6
				7				1
			8		6			
9				5				
7	1							
						2		8
	9				7	5		

		1			6	2	5	
8					3			
4					9			8
6	5	8						
						4	2	7
9			5					6
			9					4
	4	6	1			3		

	5			9				
7					5			
2			1		8			7
	8	3					1	6
6			7		4			1
				3				6
				1			2	

58 Diagonal Sudoku

		3				2	8	
2								
							7	5
1	4							
	9						2	
							3	7
9	7							
								8
	6	5				1		

	1						3	
				6				
9								2
5								9
6								3
	8						4	
				5				
	2	1				7	8	

Diagonal Sudoku

8		4		7		9		
3		4				8		2
	6						7	
6								1
8								9
	1					3		
2		5				1		7
	3		8		9		5	

		7	2		3	6		
			4	1	9			
7		4				1		6
		9				8		
1		6				7		9
			9	6	2			
		1	8		7	3		

Killer Sudoku

Killer Sudoku (Puzzles #62–#75)

Standard Sudoku rules apply; additionally, the sum of the numbers in every outlined region is equal to the corresponding number given in the corner of the outline. No number is repeated within a given outlined region.

Killer Sudoku 63

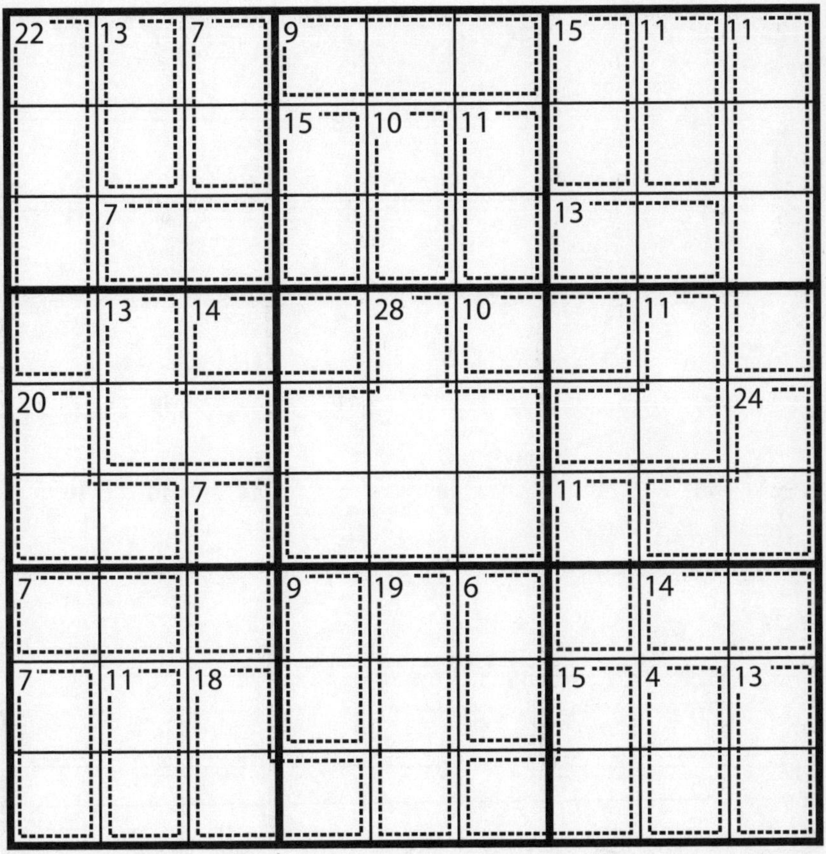

Killer Sudoku

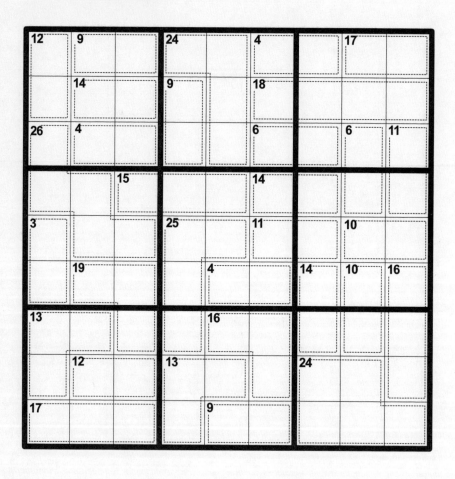

Killer Sudoku

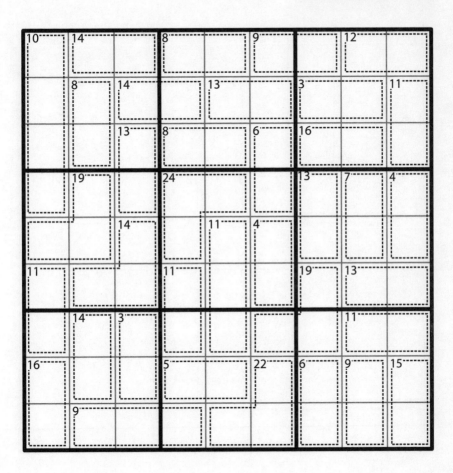

66   Killer Sudoku

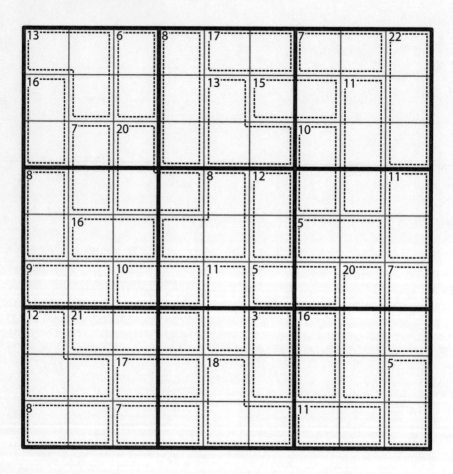

Killer Sudoku 67

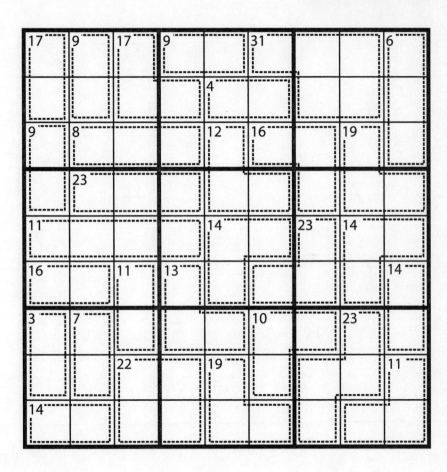

68 Killer Sudoku

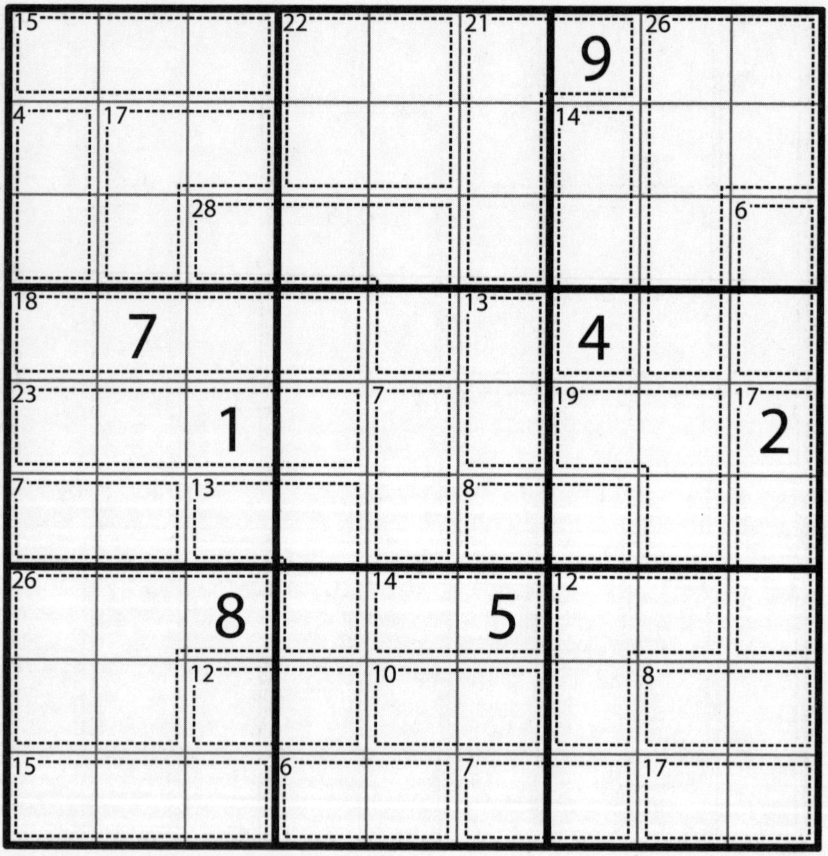

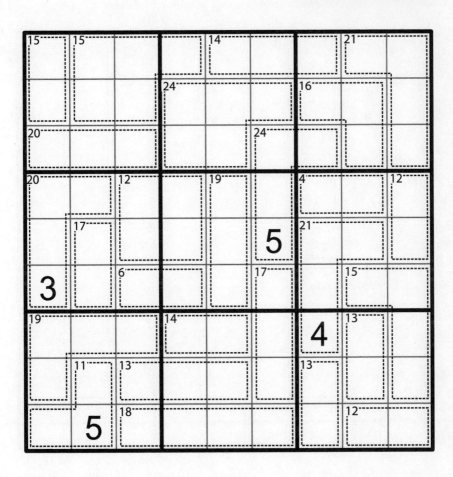

70 Killer Sudoku

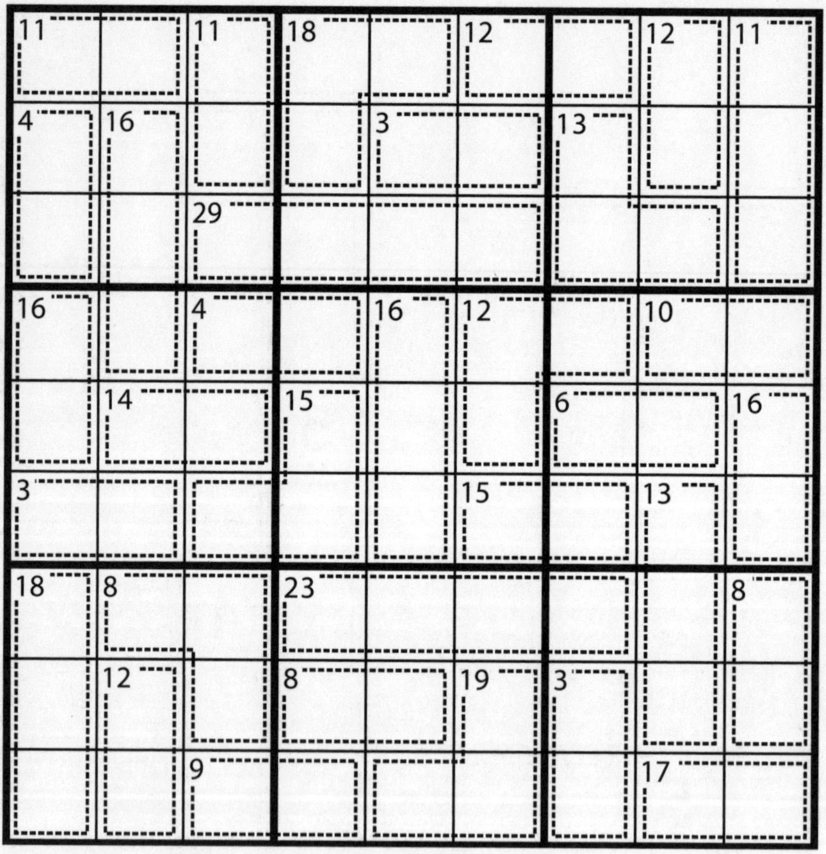

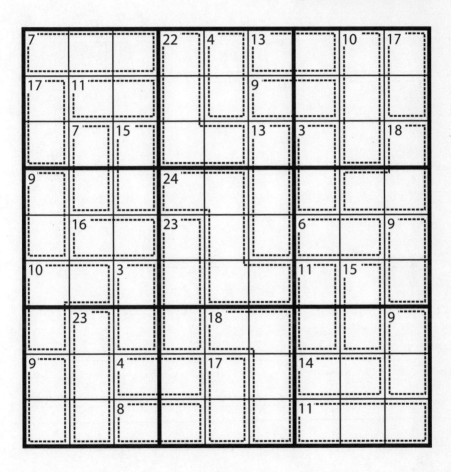

Killer Sudoku

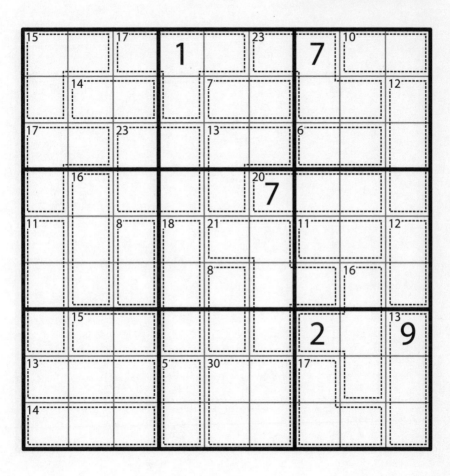

74 Killer Sudoku

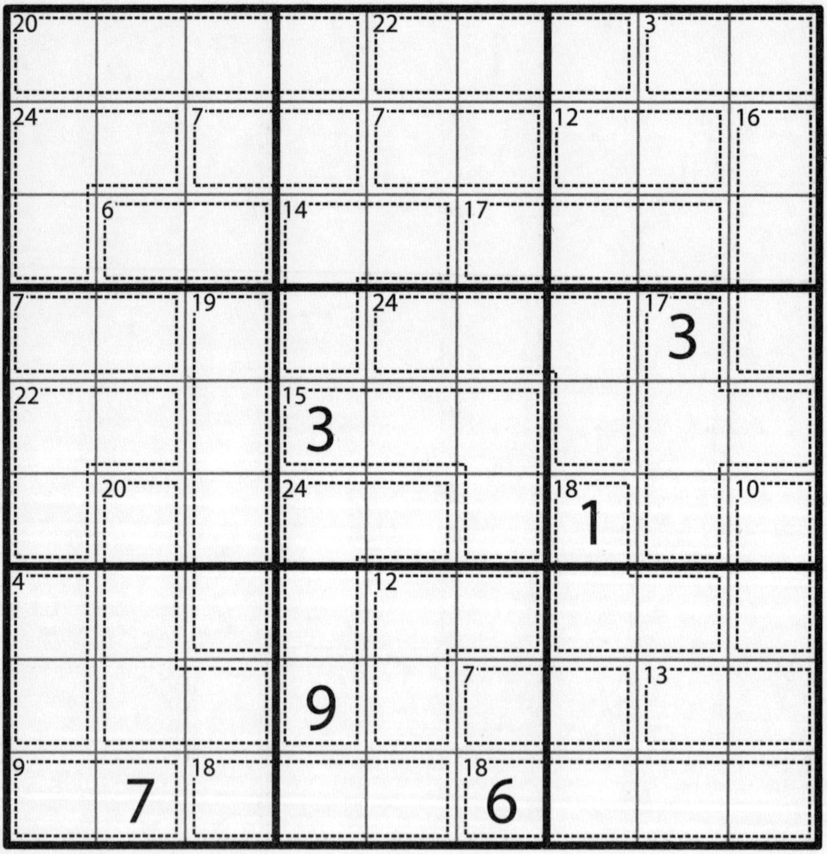

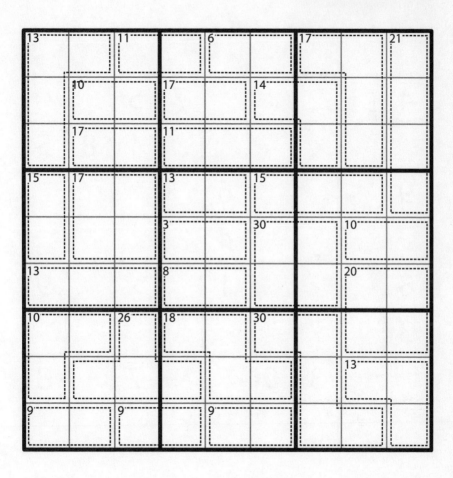

Wacky Sudoku

Wacky Sudoku (Puzzles #76–#81 and #98)
Standard Sudoku rules apply, exept that the normal 3 × 3 boxes are replaced by nine irregularly shaped regions.

5			9		6			8
	6						9	
		1				4		
1				8				4
			5		7			
6				3				9
		3				2		
	4						8	
2			1		4			3

Wacky Sudoku

7		1				3		5
		6				4		
				3				
			2		7			
4								1
			4		3			
			8		9			
	8						6	

80 Wacky Sudoku

	4		8	5		3	9	
2					6			8
6								
	8							9
5								3
7							1	
								4
8			1					2
	7	9		6	5		8	

Odd-Even Sudoku

Odd-Even Sudoku (Puzzles #82–#85)

Standard Sudoku rules apply; additionally, the gray squares contain only even numbers and the white squares contain only odd numbers.

Odd-Even Sudoku

		5				6		
				9				
4								3
	2			3			9	
7								8
				5				
		2				1		

84 Odd-Even Sudoku

			6		4			
		7		9		1		
9			1		5			2
		1				8		
8			7		6			9
		9		1		4		
			4		7			

	8					9		
					2			6
6			9					
	3					1		
		5					7	
					1			9
1			4					
		7					3	

Star Sudoku

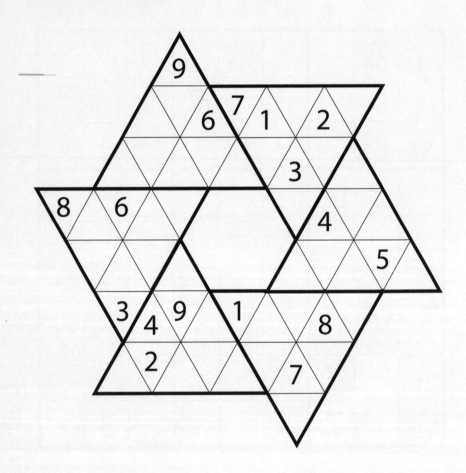

Star Sudoku (Puzzles #86–#87)

Fill in the triangles so that every large triangle and every row of eight or nine small triangles (in each of three directions) contains each of the numbers from 1 to 9 no more than once. Some rows will pass over the hole in the middle of the diagram.

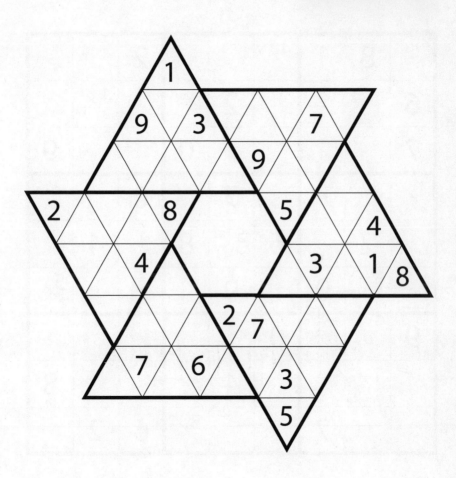

0–9 (Ten-Digit) Sudoku

	8	1	4╱			2		
6				2			1╱7	
7		╱			0			9
1╱				7		0		
	2		6	5╱0	8		4	
		0		9				5╱
9			0			╱		1
	1╱3			4				8
		7			5╱	6	2	

0–9 (Ten-Digit) Sudoku (Puzzles #88–#89)

Fill in the squares so that every row, every column, and every 3 × 3 box contains each of the numbers exactly once. The divided squares each contain two digits (it's up to you for figure out which two).

0–9 (Ten-Digit) Sudoku

89

		6		9			0/4	
		7/3				5		
			4		0/			
/	1			3				8
		4		/		6		
0				6			7	/
			/5		9			
		9				3/0		
	2/8			1		7		

Diagonal Magic Sudoku

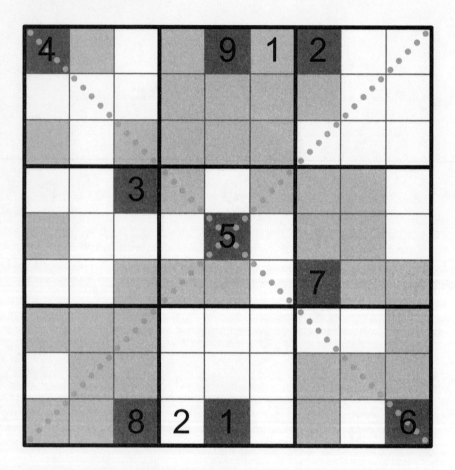

Diagonal Magic Sudoku

Rules for Diagonal Sudoku apply; additionally, in each 3 × 3 box, the numbers in the light gray squares are all less than the number in the dark gray square.

+/–1 Sudoku 91

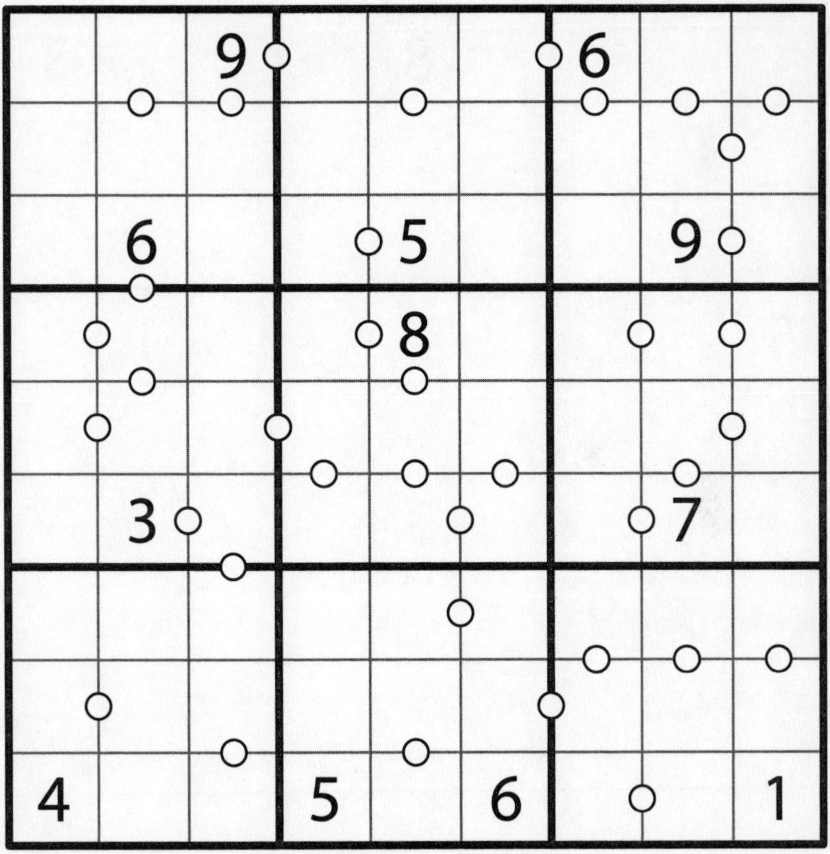

+/–1 Sudoku (Puzzles #91–93)
Standard Sudoku rules apply; additionally, all pairs of neighboring squares containing consecutive numbers are marked by a circle.

92 +/−1 Sudoku

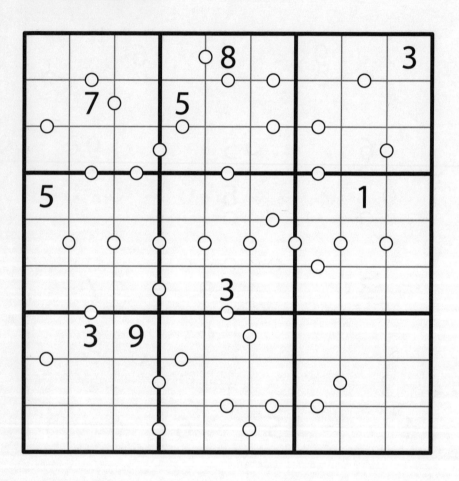

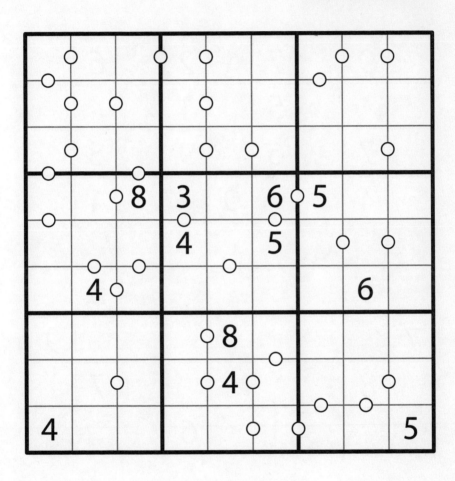

CHAMPIONSHIP ROUND:
Extra-Regions Sudoku

Extra-Regions Sudoku

Standard Sudoku rules apply; additionally, the three shaded regions each contain each of the numbers from 1 to 9 exactly once.

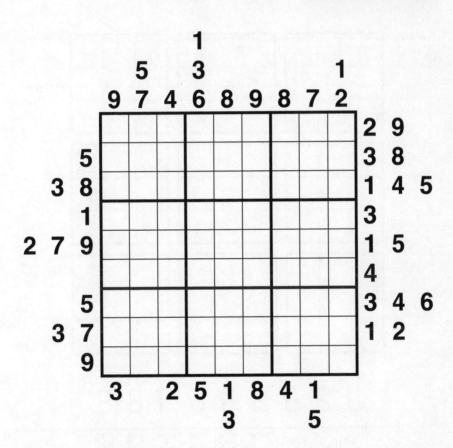

Outside Sudoku

Standard Sudoku rules apply; additionally, the outside numbers must appear in the corresponding row or column of the immediately adjacent 3 × 3 box, but in no particular order.

CHAMPIONSHIP ROUND:
Combined Sudoku

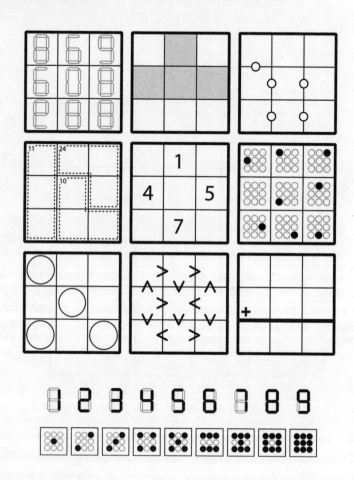

Combined Sudoku

See complete instructions on pages viii–x.

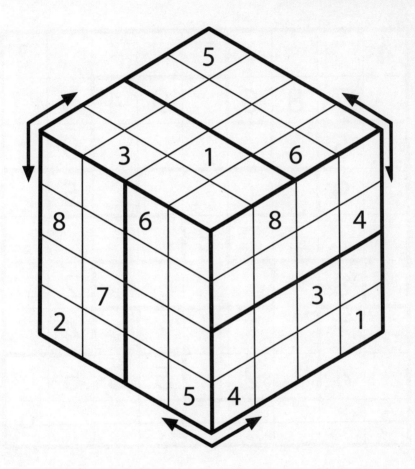

Cubic Sudoku

Fill in the squares so that every outlined box and each of the twelve bands of eight squares (following the directions indicated by the arrows) contains each of the numbers from 1 to 8 exactly once.

CHAMPIONSHIP ROUND:
Wacky Sudoku

Wacky Sudoku

Standard Sudoku rules apply, except that the normal 3 × 3 boxes are replaced by nine irregularly shaped regions.

Toroidal Sudoku

Rules for Wacky Sudoku apply; additionally, some of the irregularly shaped regions wrap around between the top and bottom, and/or the left and right edges of the grid.

			7	5				
	3			4	8		2	
1								6
	4							8
7	9						3	1
2							7	
5								7
	8		3	2			4	
				6	9			

ANSWERS

1

5	4	8	9	1	7	3	6	2
9	1	3	4	2	6	5	8	7
6	7	2	5	8	3	9	1	4
7	9	1	8	4	2	6	5	3
3	6	4	1	7	5	2	9	8
2	8	5	6	3	9	7	4	1
1	5	7	3	6	4	8	2	9
8	2	6	7	9	1	4	3	5
4	3	9	2	5	8	1	7	6

2

2	9	6	3	1	4	5	8	7
7	1	8	5	2	3	4	3	6
4	3	5	6	7	8	9	1	2
3	6	1	9	4	2	7	5	8
9	5	4	8	3	7	2	6	1
8	2	7	1	5	6	3	9	4
6	8	2	4	9	5	1	7	3
1	4	9	7	6	3	8	2	5
5	7	3	2	8	1	6	4	9

3

5	7	8	9	3	4	2	6	1
2	4	3	8	6	1	7	9	5
6	1	9	7	5	2	3	8	4
4	5	1	3	2	6	9	7	8
3	8	7	5	4	9	6	1	2
9	6	2	1	8	7	4	5	3
1	2	4	6	9	8	5	3	7
8	9	5	4	7	3	1	2	6
7	3	6	2	1	5	8	4	9

4

3	5	9	6	8	1	2	7	4
7	8	2	3	4	9	5	6	1
1	4	6	5	2	7	9	3	8
8	7	3	9	1	2	4	5	6
5	9	4	8	7	6	1	2	3
2	6	1	4	3	5	7	8	9
4	2	5	1	6	8	3	9	7
6	3	7	2	9	4	8	1	5
9	1	8	7	5	3	6	4	2

5

3	5	7	8	2	4	9	1	6
6	9	8	1	7	3	4	2	5
4	2	1	6	5	9	7	3	8
7	6	2	4	3	1	8	5	9
8	1	4	5	9	6	3	7	2
9	3	5	2	8	7	1	6	4
1	7	6	9	4	2	5	8	3
5	4	3	7	6	8	2	9	1
2	8	9	3	1	5	6	4	7

6

8	4	3	9	2	7	6	1	5
6	2	7	1	5	4	3	9	8
1	5	9	3	6	8	2	7	4
5	8	2	4	7	2	1	6	9
7	6	1	2	9	5	8	4	3
9	3	4	6	8	1	7	5	2
4	9	8	7	1	2	5	3	6
3	7	5	8	4	6	9	2	1
2	1	6	5	3	9	4	8	7

7

8	5	2	1	7	9	3	4	6
3	9	4	5	6	8	2	7	1
7	1	6	3	2	4	5	9	8
4	7	5	6	8	2	1	3	9
9	6	1	7	3	5	4	8	2
2	3	8	9	4	1	6	5	7
1	8	9	2	5	3	7	6	4
6	2	3	4	9	7	8	1	5
5	4	7	8	1	6	9	2	3

8

7	5	8	4	3	9	2	6	1
3	1	4	6	8	2	7	9	5
2	9	6	7	1	5	4	3	8
8	7	9	2	6	1	5	4	3
1	2	3	5	7	4	9	8	6
4	6	5	8	9	3	1	2	7
6	4	2	3	5	7	8	1	9
9	3	7	1	4	8	6	5	2
5	8	1	9	2	6	3	7	4

9

4	7	5	2	3	1	6	8	9
3	2	8	7	9	6	4	1	5
9	1	6	5	8	4	7	2	3
5	8	4	1	7	9	3	6	2
2	3	1	4	6	8	9	5	7
7	6	9	3	2	5	1	4	8
6	5	2	9	4	3	8	7	1
1	4	3	8	5	7	2	9	6
8	9	7	6	1	2	5	3	4

10

9	3	6	5	7	2	1	4	8
1	8	2	4	9	6	5	7	3
4	5	7	3	1	8	6	9	2
2	1	5	6	3	9	7	8	4
3	9	4	8	5	7	2	6	1
7	6	8	1	2	4	9	3	5
8	2	9	7	4	5	3	1	6
5	4	3	9	6	1	8	2	7
6	7	1	2	8	3	4	5	9

11

9	2	3	4	5	7	1	8	6
4	5	6	8	1	3	7	2	9
7	8	1	9	6	2	4	5	3
1	7	2	6	9	8	5	3	4
8	6	4	5	3	1	9	7	2
3	9	5	2	7	4	8	6	1
5	3	8	1	2	9	6	4	7
6	1	7	3	4	5	2	9	8
2	4	9	7	8	6	3	1	5

12

9	3	6	8	2	1	5	7	4
1	5	8	4	7	3	9	2	6
2	4	7	9	6	5	3	1	8
3	2	4	5	1	7	8	6	9
5	7	9	6	8	2	4	3	1
6	8	1	3	4	9	2	5	7
4	1	3	7	5	8	6	9	2
8	9	2	1	3	6	7	4	5
7	6	5	2	9	4	1	8	3

13

5	4	2	1	9	6	7	8	3
8	6	3	7	4	5	2	1	9
1	9	7	8	3	2	6	4	5
6	5	4	2	1	7	9	3	8
2	1	9	3	6	8	5	7	4
3	7	8	4	5	9	1	6	2
4	2	1	9	7	3	8	5	6
9	3	5	6	8	1	4	2	7
7	8	6	5	2	4	3	9	1

14

1	8	7	9	6	4	5	3	2
2	3	6	5	7	8	1	9	4
9	5	4	3	2	1	6	7	8
6	2	5	7	8	3	9	4	1
7	4	9	2	1	5	8	6	3
8	1	3	6	4	9	7	2	5
3	9	8	4	5	6	2	1	7
4	7	1	8	9	2	3	5	6
5	6	2	1	3	7	4	8	9

15

8	7	1	3	2	9	6	5	4
5	9	4	6	1	7	8	3	2
3	6	2	4	8	5	9	7	1
4	5	8	2	7	3	1	9	6
7	3	9	1	6	8	2	4	5
1	2	6	5	9	4	7	8	3
9	1	3	8	5	6	4	2	7
6	8	5	7	4	2	3	1	9
2	4	7	9	3	1	5	6	8

16

1	9	5	2	3	6	8	7	4
7	4	3	1	9	8	6	5	2
6	8	2	4	7	5	1	9	3
2	7	9	3	6	4	5	8	1
8	5	6	7	2	1	4	3	9
3	1	4	8	5	9	7	2	6
5	6	7	9	1	3	2	4	8
4	3	1	5	8	2	9	6	7
9	2	8	6	4	7	3	1	5

17

5	7	8	1	2	3	9	4	6
2	6	4	5	8	9	1	7	3
9	1	3	6	7	4	8	2	5
3	9	6	4	5	1	2	8	7
4	2	5	8	9	7	3	6	1
7	8	1	2	3	6	5	9	4
8	4	9	3	6	5	7	1	2
6	5	7	9	1	2	4	3	8
1	3	2	7	4	8	6	5	9

18

1	6	5	2	9	8	3	4	7
3	4	2	6	5	7	9	1	8
7	9	8	4	1	3	2	6	5
2	5	7	1	4	6	8	3	9
4	3	6	7	8	9	5	2	1
8	1	9	5	3	2	4	7	6
6	8	3	9	2	1	7	5	4
5	2	1	8	7	4	6	9	3
9	7	4	3	6	5	1	8	2

19

8	6	3	9	2	1	4	7	5
1	4	7	5	6	3	2	8	9
5	2	9	8	4	7	6	1	3
9	7	1	2	5	4	3	6	8
2	5	8	3	1	6	9	4	7
4	3	6	7	8	9	5	2	1
3	1	2	6	7	5	8	9	4
6	9	4	1	3	8	7	5	2
7	8	5	4	9	2	1	3	6

20

3	7	9	2	1	5	6	4	8
5	4	1	8	7	6	2	9	3
6	2	8	9	4	3	7	5	1
8	1	6	4	5	9	3	2	7
2	9	5	6	3	7	8	1	4
7	3	4	1	8	2	5	6	9
1	8	2	7	6	4	9	3	5
9	5	7	3	2	1	4	8	6
4	6	3	5	9	8	1	7	2

21

8	4	1	7	5	6	3	9	2
3	2	6	4	1	9	7	8	5
9	7	5	8	3	2	4	6	1
5	9	4	2	8	7	6	1	3
6	1	8	3	4	5	9	2	7
7	3	2	9	6	1	5	4	8
2	6	9	1	7	3	8	5	4
1	8	7	5	9	4	2	3	6
4	5	3	6	2	8	1	7	9

22

5	6	9	4	1	3	7	2	8
8	1	7	2	9	6	4	3	5
4	2	3	5	7	8	1	9	6
1	8	6	3	4	2	5	7	9
3	7	2	1	5	9	8	6	4
9	5	4	8	6	7	3	1	2
2	9	8	7	3	4	6	5	1
6	3	1	9	8	5	2	4	7
7	4	5	6	2	1	9	8	3

23

7	8	2	5	4	6	9	3	1
5	1	6	9	2	3	8	4	7
4	9	3	8	1	7	2	6	5
3	5	1	7	6	2	4	8	9
8	2	7	4	5	9	6	1	3
9	6	4	3	8	1	5	7	2
2	7	9	6	3	4	1	5	8
1	4	8	2	7	5	3	9	6
6	3	5	1	9	8	7	2	4

24

4	9	6	7	1	3	5	8	2
5	7	2	9	4	8	1	3	6
1	8	6	5	6	2	4	9	7
9	1	8	4	5	7	2	6	3
6	3	4	1	2	9	8	7	5
7	2	5	3	8	6	9	1	4
3	5	7	2	9	1	6	4	8
2	6	1	8	7	4	3	5	9
8	4	9	6	3	5	7	2	1

25

7	4	1	6	2	5	8	9	3
9	5	3	1	7	8	4	6	2
2	6	8	3	4	9	7	1	5
6	7	4	9	8	2	3	5	1
3	1	2	5	6	4	9	7	8
5	8	9	7	3	1	6	2	4
8	9	6	2	1	3	5	4	7
1	3	5	4	9	7	2	8	6
4	2	7	8	5	6	1	3	9

26

9	5	7	8	1	2	4	3	6
2	6	8	3	9	4	7	5	1
4	1	3	7	5	6	2	9	8
8	4	9	5	6	1	3	2	7
7	2	1	4	8	3	5	6	9
5	3	6	2	7	9	8	1	4
6	8	4	9	2	5	1	7	3
3	9	5	1	4	7	6	8	2
1	7	2	6	3	8	9	4	5

27

3	6	5	2	9	7	4	1	8
9	7	8	4	1	6	5	2	3
4	1	2	5	8	3	6	7	9
7	4	6	9	3	8	2	5	1
5	8	9	1	6	2	3	4	7
2	3	1	7	5	4	8	9	6
6	5	7	3	4	1	9	8	2
1	9	3	8	2	5	7	6	4
8	2	4	6	7	9	1	3	5

28

8	9	7	1	4	3	5	2	6
6	4	1	5	2	9	3	7	8
2	5	3	8	6	7	9	4	1
5	7	8	3	9	4	1	6	2
4	3	9	2	1	6	7	8	5
1	6	2	7	5	8	4	9	3
3	8	6	9	7	1	2	5	4
7	2	4	6	3	5	8	1	9
9	1	5	4	8	2	6	3	7

29

5	7	1	9	3	2	4	6	8
3	8	2	6	4	1	5	7	9
6	9	4	5	7	8	2	3	1
7	6	9	4	8	5	1	2	3
8	1	5	2	6	3	9	4	7
4	2	3	1	9	7	8	5	6
1	3	7	8	2	4	6	9	5
9	4	8	7	5	6	3	1	2
2	5	6	3	1	9	7	8	4

30

6	1	5	4	7	2	3	8	9
8	2	7	5	9	3	6	1	4
4	9	3	1	8	6	2	7	5
7	3	2	9	5	8	4	6	1
9	4	8	6	3	1	5	2	7
1	5	6	7	2	4	9	3	8
5	8	4	3	6	7	1	9	2
3	7	1	2	4	9	8	5	6
2	6	9	8	1	5	7	4	3

31

3	5	1	2	8	9	4	7	6
6	7	9	3	4	5	2	1	8
8	2	4	7	1	6	3	9	5
7	1	8	5	2	3	6	4	9
5	6	3	4	9	1	8	2	7
4	9	2	6	7	8	1	5	3
1	8	5	9	3	4	7	6	2
9	3	7	1	6	2	5	8	4
2	4	6	8	5	7	9	3	1

32

1	3	2	7	5	6	8	4	9
6	5	4	9	2	8	7	3	1
9	7	8	1	4	3	5	2	6
4	1	9	6	8	2	3	5	7
5	8	3	4	1	7	9	6	2
2	6	7	3	9	5	1	8	4
3	2	1	5	7	4	6	9	8
8	9	5	2	6	1	4	7	3
7	4	6	8	3	9	2	1	5

33

2	4	8	3	6	5	7	1	9
1	9	3	2	7	4	5	8	6
6	5	7	8	9	1	2	4	3
5	8	6	7	4	9	1	3	2
9	2	1	6	3	8	4	7	5
7	3	4	5	1	2	9	6	8
3	1	2	4	5	6	8	9	7
8	6	9	1	2	7	3	5	4
4	7	5	9	8	3	6	2	1

34

5	4	8	9	1	7	6	2	3
9	6	1	2	5	3	8	7	4
3	2	7	8	6	4	5	1	9
2	9	5	6	4	1	7	3	8
6	1	4	3	7	8	2	9	5
8	7	3	5	2	9	1	4	6
4	3	6	1	8	2	9	5	7
7	8	2	4	9	5	3	6	1
1	5	9	7	3	6	4	8	2

35

3	2	7	9	8	5	4	1	6
8	1	5	6	7	4	2	9	3
6	9	4	1	2	3	7	5	8
5	7	6	3	9	8	1	4	2
1	3	8	4	5	2	9	6	7
9	4	2	7	1	6	8	3	5
7	6	3	2	4	1	5	8	9
2	8	1	5	6	9	3	7	4
4	5	9	8	3	7	6	2	1

36

1	7	5	4	2	6	3	8	9
3	6	2	9	8	1	5	4	7
9	8	4	7	3	5	6	2	1
5	4	3	6	1	2	9	7	8
8	1	7	5	4	9	2	3	6
6	2	9	3	7	8	1	5	4
2	3	8	1	6	4	7	9	5
4	5	6	2	9	7	8	1	3
7	9	1	8	5	3	4	6	2

37

3	8	7	6	5	4	9	1	2
4	6	5	1	2	9	8	7	3
2	9	1	7	3	8	6	4	5
7	3	2	8	6	1	4	5	9
5	1	6	4	9	3	7	2	8
9	4	8	5	7	2	3	6	1
8	7	9	2	4	5	1	3	6
1	5	4	3	8	6	2	9	7
6	2	3	9	1	7	5	8	4

38

6	9	2	5	7	8	4	3	1
7	8	1	3	4	2	9	6	5
3	4	5	1	6	9	2	8	7
9	1	8	2	3	4	5	7	6
2	5	7	9	1	6	3	4	8
4	6	3	7	8	5	1	9	2
1	7	9	8	5	3	6	2	4
8	3	4	6	2	1	7	5	9
5	2	6	4	9	7	8	1	3

39

7	4	9	5	1	6	8	3	2
6	8	3	4	2	7	9	1	5
1	2	5	3	9	8	6	4	7
5	9	6	8	3	1	7	2	4
2	3	8	7	4	9	1	5	6
4	1	7	2	6	5	3	8	9
9	5	4	1	7	3	2	6	8
3	7	2	6	8	4	5	9	1
8	6	1	9	5	2	4	7	3

40

7	5	4	6	3	2	9	1	8
1	2	8	5	9	7	6	3	4
6	9	3	4	8	1	2	7	5
9	1	7	3	6	4	5	8	2
4	3	2	8	7	5	1	9	6
5	8	6	2	1	9	3	4	7
8	7	5	9	2	3	4	6	1
3	4	1	7	5	6	8	2	9
2	6	9	1	4	8	7	5	3

41

8	7	2	4	5	3	6	9	1
4	3	9	1	6	8	5	7	2
6	1	5	7	2	9	8	3	4
3	8	4	6	9	7	1	2	5
2	6	1	8	3	5	9	4	7
5	9	7	2	1	4	3	8	6
1	4	3	5	8	2	7	6	9
7	5	8	9	4	6	2	1	3
9	2	6	3	7	1	4	5	8

42

6	1	5	9	7	2	4	8	3
7	9	3	1	8	4	5	2	6
8	4	2	6	3	5	1	9	7
1	5	7	2	9	6	3	4	8
3	6	8	5	4	7	9	1	2
9	2	4	3	1	8	6	7	5
5	7	6	4	2	1	8	3	9
4	8	9	7	5	3	2	6	1
2	3	1	8	6	9	7	5	4

43

2	3	1	5	4	6	8	7	9
8	6	4	3	9	7	2	1	5
5	9	7	8	2	1	4	3	6
7	2	5	4	6	3	9	8	1
1	8	9	2	7	5	3	6	4
6	4	3	9	1	8	5	2	7
9	7	2	6	8	4	1	5	3
3	1	8	7	5	9	6	4	2
4	5	6	1	3	2	7	9	8

44

3	5	1	6	8	4	9	2	7
8	7	4	2	3	9	6	1	5
6	9	2	1	7	5	4	3	8
2	3	9	7	1	6	5	8	4
7	4	5	8	9	3	1	6	2
1	6	8	4	5	2	7	9	3
4	1	7	3	6	8	2	5	9
9	2	3	5	4	1	8	7	6
5	8	6	9	2	7	3	4	1

45

1	5	3	6	8	4	7	9	2
4	6	2	7	9	5	3	8	1
9	7	8	2	1	3	6	4	5
3	8	4	9	7	2	5	1	6
2	1	5	3	4	6	8	7	9
7	9	6	8	5	1	4	2	3
6	4	9	1	3	7	2	5	8
5	3	1	4	2	8	9	6	7
8	2	7	5	6	9	1	3	4

46

9	4	6	5	7	3	8	2	1
8	2	5	9	1	4	3	7	6
3	7	1	2	6	8	4	9	5
4	9	3	1	2	7	5	6	8
1	8	7	3	5	6	9	4	2
6	5	2	4	8	9	1	3	7
2	3	8	7	4	5	6	1	9
7	6	9	8	3	1	2	5	4
5	1	4	6	9	2	7	8	3

47

2	4	6	7	5	9	8	1	3
8	3	9	1	6	4	7	5	2
7	5	1	8	3	2	4	9	6
6	7	4	9	1	5	3	2	8
5	1	8	4	2	3	9	6	7
9	2	3	6	7	8	5	4	1
4	6	7	3	9	1	2	8	5
1	8	5	2	4	7	6	3	9
3	9	2	5	8	6	1	7	4

48

3	6	5	8	7	2	9	1	4
9	1	2	3	4	6	8	5	7
8	7	4	5	9	1	3	6	2
5	8	7	9	6	3	2	4	1
4	9	6	1	2	7	5	3	8
2	3	1	4	5	8	7	9	6
6	5	3	7	8	4	1	2	9
1	4	8	2	3	9	6	7	5
7	2	9	6	1	5	4	8	3

49

1	4	3	6	2	8	9	5	7
8	9	6	3	5	7	2	1	4
2	7	5	4	9	1	3	6	8
9	3	1	2	8	4	6	7	5
4	5	7	9	3	6	1	8	2
6	8	2	7	1	5	4	3	9
5	6	4	1	7	2	8	9	3
7	2	9	8	6	3	5	4	1
3	1	8	5	4	9	7	2	6

50

5	2	6	7	9	4	3	8	1
1	7	3	2	8	5	4	6	9
4	9	8	1	6	3	2	5	7
8	6	1	3	5	7	9	2	4
7	3	2	6	4	9	8	1	5
9	4	5	8	2	1	7	3	6
2	1	9	5	7	8	6	4	3
6	5	7	4	3	2	1	9	8
3	8	4	9	1	6	5	7	2

51

6	3	2	5	8	4	7	9	1
8	4	1	7	9	6	3	2	5
5	7	9	3	1	2	6	8	4
1	6	5	8	7	3	9	4	2
7	2	4	6	5	9	1	3	8
3	9	8	4	2	1	5	6	7
4	5	7	9	3	8	2	1	6
2	8	3	1	6	5	4	7	9
9	1	6	2	4	7	8	5	3

52

9	5	3	7	6	8	4	1	2
2	4	1	3	9	5	8	7	6
6	8	7	4	1	2	3	5	9
8	7	9	6	5	4	2	3	1
1	6	4	2	8	3	7	9	5
3	2	5	9	7	1	6	4	8
7	3	6	1	2	9	5	8	4
4	1	8	5	3	6	9	2	7
5	9	2	8	4	7	1	6	3

53

5	8	3	4	6	1	2	9	7
4	9	6	2	7	5	1	8	3
7	2	1	3	9	8	6	4	5
1	7	2	8	5	9	3	6	4
9	5	4	6	3	2	8	7	1
6	3	8	1	4	7	9	5	2
8	6	5	7	2	3	4	1	9
3	4	7	9	1	6	5	2	8
2	1	9	5	8	4	7	3	6

54

5	6	1	4	9	7	2	3	8
8	7	9	3	1	2	6	5	4
3	2	4	5	6	8	1	9	7
7	1	6	8	5	4	3	2	9
9	4	3	7	2	6	8	1	5
2	8	5	9	3	1	4	7	6
1	5	7	6	4	3	9	8	2
4	3	8	2	7	9	5	6	1
6	9	2	1	8	5	7	4	3

55

8	2	4	5	6	1	9	3	7
6	5	7	9	3	4	1	8	2
1	3	9	7	2	8	4	5	6
5	8	6	4	7	9	3	2	1
3	4	2	8	1	6	7	9	5
9	7	1	3	5	2	8	6	4
7	1	5	2	8	3	6	4	9
4	6	3	1	9	5	2	7	8
2	9	8	6	4	7	5	1	3

56

7	9	1	8	4	6	2	5	3
8	6	5	2	1	3	7	4	9
4	2	3	7	5	9	1	6	8
6	5	8	4	2	7	9	3	1
2	7	4	3	9	1	6	8	5
1	3	9	6	8	5	4	2	7
9	1	2	5	3	4	8	7	6
3	8	7	9	6	2	5	1	4
5	4	6	1	7	8	3	9	2

57

3	5	8	6	9	7	2	1	4
7	6	1	4	2	5	8	9	3
2	4	9	1	3	8	6	5	7
1	7	5	2	6	3	4	8	9
4	8	3	5	7	9	1	6	2
9	2	6	8	4	1	3	7	5
6	9	2	7	8	4	5	3	1
8	1	7	3	5	2	9	4	6
5	3	4	9	1	6	7	2	8

58

7	5	3	9	1	4	2	8	6
2	8	9	6	7	5	3	1	4
6	1	4	2	8	3	9	7	5
1	4	8	3	2	7	5	6	9
3	9	7	8	5	6	4	2	1
5	2	6	4	9	1	8	3	7
9	7	2	1	4	8	6	5	3
4	3	1	5	6	2	7	9	8
8	6	5	7	3	9	1	4	2

59

8	1	6	9	2	4	5	3	7
2	7	3	1	6	5	8	9	4
9	5	4	7	8	3	1	6	2
5	3	8	6	7	2	4	1	9
1	4	2	5	3	9	6	7	8
6	9	7	8	4	1	2	5	3
3	8	5	2	1	7	9	4	6
7	6	9	4	5	8	3	2	1
4	2	1	3	9	6	7	8	5

60

5	8	1	4	2	7	6	9	3
3	7	4	5	9	6	8	1	2
9	6	2	1	3	8	4	7	5
6	2	9	3	8	5	7	4	1
1	5	7	9	6	4	3	2	8
8	4	3	2	7	1	5	6	9
4	1	8	7	5	2	9	3	6
2	9	5	6	4	3	1	8	7
7	3	6	8	1	9	2	5	4

61

9	4	7	2	5	3	6	8	1
2	1	5	7	8	6	9	4	3
3	6	8	4	1	9	2	7	5
7	2	4	3	9	8	1	5	6
5	3	9	6	7	1	8	2	4
1	8	6	5	2	4	7	3	9
4	7	3	9	6	2	5	1	8
8	9	2	1	3	5	4	6	7
6	5	1	8	4	7	3	9	2

62

3	8	7	6	1	4	2	9	5
4	6	5	3	2	9	7	8	1
9	2	1	5	8	7	4	3	6
8	1	3	4	9	5	6	7	2
6	7	9	2	3	1	8	5	4
2	5	4	8	7	6	9	1	3
5	4	8	7	6	3	1	2	9
1	3	2	9	4	8	5	6	7
7	9	6	1	5	2	3	4	8

63

9	8	4	5	1	3	6	7	2
2	5	3	6	8	7	9	4	1
7	6	1	9	2	4	8	5	3
4	3	6	8	7	9	1	2	5
8	1	9	4	5	2	3	6	7
5	7	2	1	3	6	4	9	8
3	4	5	2	9	1	7	8	6
1	9	8	7	6	5	2	3	4
6	2	7	3	4	8	5	1	9

64

4	2	7	5	6	3	1	9	8
8	9	5	1	4	7	3	2	6
6	3	1	8	9	2	4	5	7
3	8	6	2	7	5	9	1	4
1	5	4	6	8	9	2	7	3
2	7	9	4	3	1	8	6	5
5	1	3	7	2	8	6	4	9
7	4	8	9	1	6	5	3	2
9	6	2	3	5	4	7	8	1

65

2	5	9	1	7	6	3	8	4
3	7	6	8	4	9	2	1	5
4	1	8	3	5	2	9	7	6
1	9	5	7	8	4	6	2	3
8	2	4	9	6	3	7	5	1
6	3	7	5	2	1	8	4	9
5	8	1	6	3	7	4	9	2
9	6	2	4	1	8	5	3	7
7	4	3	2	9	5	1	6	8

66

4	6	1	3	8	9	5	2	7
9	3	5	4	2	7	8	1	6
7	2	8	1	6	5	4	3	9
2	5	3	9	1	4	6	7	8
6	9	7	2	5	8	1	4	3
8	1	4	6	7	3	2	9	5
3	8	6	7	4	1	9	5	2
5	4	9	8	3	2	7	6	1
1	7	2	5	9	6	3	8	4

67

8	2	3	4	5	9	7	6	1
9	7	6	8	3	1	4	5	2
4	5	1	2	6	7	8	9	3
5	6	8	9	2	4	1	3	7
3	1	2	5	7	6	9	4	8
7	9	4	3	1	8	6	2	5
1	3	7	6	4	5	2	8	9
2	4	9	1	8	3	5	7	6
6	8	5	7	9	2	3	1	4

68

5	8	2	4	7	1	9	6	3
1	6	7	9	2	3	8	5	4
3	4	9	6	5	8	2	7	1
2	7	6	3	8	9	4	1	5
8	9	1	5	6	4	7	3	2
4	3	5	7	1	2	6	9	8
6	2	8	1	9	5	3	4	7
9	1	4	8	3	7	5	2	6
7	5	3	2	4	6	1	8	9

69

7	2	3	5	9	4	1	8	6
8	1	4	7	2	6	9	5	3
5	6	9	8	1	3	7	2	4
4	7	2	6	8	9	3	1	5
6	8	1	3	4	5	2	9	7
3	9	5	1	7	2	6	4	8
1	3	6	9	5	8	4	7	2
9	4	8	2	3	7	5	6	1
2	5	7	4	6	1	8	3	9

70

5	6	2	4	8	3	9	7	1
3	7	9	6	2	1	8	5	4
1	4	8	5	9	7	3	2	6
9	5	3	1	7	6	4	8	2
7	8	6	3	4	2	5	1	9
2	1	4	8	5	9	6	3	7
8	2	1	9	3	4	7	6	5
6	9	5	7	1	8	2	4	3
4	3	7	2	6	5	1	9	8

71

1	2	4	7	3	8	5	6	9
9	5	6	4	1	2	7	3	8
8	3	7	5	6	9	2	1	4
6	4	8	2	7	3	1	9	5
3	7	9	8	5	1	4	2	6
5	1	2	9	4	6	8	7	3
4	9	1	6	2	5	3	8	7
7	6	3	1	8	4	9	5	2
2	8	5	3	9	7	6	4	1

72

1	5	6	7	3	8	2	4	9
2	3	4	6	5	9	7	1	8
9	7	8	1	2	4	5	6	3
7	2	9	3	4	5	6	8	1
3	6	1	2	8	7	9	5	4
8	4	5	9	6	1	3	2	7
4	1	3	5	7	6	8	9	2
5	8	7	4	9	2	1	3	6
6	9	2	8	1	3	4	7	5

73

9	5	3	1	6	4	7	2	8
1	8	6	7	2	5	3	9	4
7	2	4	8	9	3	1	5	6
8	3	5	6	1	7	9	4	2
6	9	1	5	4	2	8	3	7
2	4	7	9	3	8	6	1	5
3	7	8	4	5	1	2	6	9
5	6	2	3	8	9	4	7	1
4	1	9	2	7	6	5	8	3

74

4	3	6	7	9	8	5	1	2
7	8	2	5	6	1	3	9	4
9	5	1	2	4	3	8	6	7
6	1	4	8	2	9	7	3	5
5	9	7	3	1	4	6	2	8
8	2	3	6	5	7	1	4	9
3	6	5	4	7	2	9	8	1
1	4	8	9	3	5	2	7	6
2	7	9	1	8	6	4	5	3

75

7	3	5	6	2	4	1	9	8
1	4	6	8	9	5	3	2	7
2	9	8	7	3	1	6	5	4
6	8	1	9	4	7	5	3	2
9	5	3	2	1	8	7	4	6
4	7	2	3	5	6	9	8	1
3	2	7	1	8	9	4	6	5
5	6	9	4	7	2	8	1	3
8	1	4	5	6	3	2	7	9

76

1	8	6	2	9	5	4	7	3
4	3	2	1	8	7	5	9	6
2	7	9	6	3	4	1	8	5
9	4	5	3	6	8	2	1	7
7	6	1	5	4	9	8	3	2
8	5	4	7	1	2	3	6	9
3	1	7	8	2	6	9	5	4
6	2	3	9	5	1	7	4	8
5	9	8	4	7	3	6	2	1

77

5	2	7	9	4	6	3	1	8
8	6	4	7	1	3	5	9	2
3	9	1	2	5	8	4	6	7
1	3	5	6	8	9	7	2	4
4	8	9	5	2	7	6	3	1
6	7	8	4	3	2	1	5	9
9	1	3	8	7	5	2	4	6
7	4	2	3	6	1	9	8	5
2	5	6	1	9	4	8	7	3

78

7	9	6	1	5	4	2	3	8
3	2	8	6	7	5	1	4	9
8	3	4	5	1	6	7	9	2
4	1	9	2	6	8	5	7	3
2	5	1	3	4	9	6	8	7
9	7	2	4	8	1	3	5	6
5	6	3	8	2	7	9	1	4
1	8	7	9	3	2	4	6	5
6	4	5	7	9	3	8	2	1

79

3	2	4	5	8	1	9	7	6
7	6	1	9	2	8	3	4	5
9	5	6	3	7	2	4	1	8
8	4	5	7	3	6	1	9	2
6	1	8	2	4	7	5	3	9
4	3	7	6	9	5	2	8	1
1	9	2	4	6	3	8	5	7
5	7	3	8	1	9	6	2	4
2	8	9	1	5	4	7	6	3

80

8	4	1	6	7	3	5	9	2
5	9	7	4	1	2	6	3	8
3	2	6	8	9	1	4	5	7
2	1	3	9	6	5	7	8	4
9	8	4	1	5	7	3	2	6
6	7	5	3	2	4	8	1	9
4	6	8	2	3	9	1	7	5
1	5	9	7	8	6	2	4	3
7	3	2	5	4	8	9	6	1

81

1	4	6	8	5	2	3	9	7
2	9	4	3	1	6	7	5	8
6	3	1	7	9	4	8	2	5
4	8	5	6	2	7	1	3	9
5	2	7	9	8	1	6	4	3
7	5	2	4	3	8	9	1	6
9	1	8	5	7	3	2	6	4
8	6	3	1	4	9	5	7	2
3	7	9	1	6	5	4	8	1

82

7	3	5	1	8	4	6	2	9
6	1	9	7	2	3	8	5	4
8	4	2	6	9	5	3	1	7
5	8	7	4	1	9	2	3	6
1	9	3	2	7	6	5	4	8
2	6	4	3	5	8	7	9	1
3	2	8	9	4	7	1	6	5
9	5	1	8	6	2	4	7	3
4	7	6	5	3	1	9	8	2

83

1	7	5	2	4	3	6	8	9
2	6	3	1	9	8	7	4	5
4	9	8	7	6	5	2	1	3
5	3	4	9	7	1	8	6	2
6	2	7	8	3	4	5	9	1
8	1	9	5	2	6	4	3	7
7	5	6	4	1	9	3	2	8
3	8	1	6	5	2	9	7	4
9	4	2	3	8	7	1	5	6

84

5	1	8	6	2	4	9	7	3
4	9	3	8	7	1	2	5	6
2	6	7	5	9	3	1	8	4
9	7	4	1	8	5	6	3	2
6	5	1	2	3	9	8	4	7
8	3	2	7	4	6	5	1	9
7	8	9	3	1	2	4	6	5
3	4	6	9	5	8	7	2	1
1	2	5	4	6	7	3	9	8

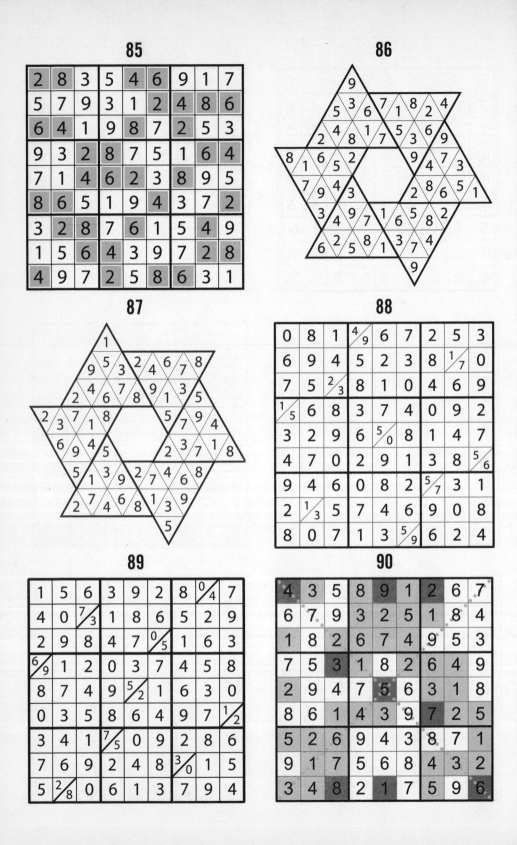

91

3	5	9	8	2	7	6	1	4
7	4	8	6	1	9	5	2	3
2	6	1	4	5	3	7	9	8
6	7	5	9	8	1	4	3	2
9	8	2	3	7	4	1	6	5
1	3	4	2	6	5	8	7	9
5	1	3	7	9	8	2	4	6
8	9	6	1	4	2	3	5	7
4	2	7	5	3	6	9	8	1

92

4	6	1	7	8	2	9	5	3
2	7	8	5	9	3	1	4	6
3	9	5	6	1	4	2	7	8
5	8	6	9	2	7	3	1	4
1	2	3	4	5	6	7	8	9
9	4	7	8	3	1	6	2	5
7	3	9	2	4	5	8	6	1
8	5	2	1	6	9	4	3	7
6	1	4	3	7	8	5	9	2

93

7	8	1	2	3	9	4	5	6
6	5	4	8	7	1	3	9	2
3	2	9	6	5	4	1	7	8
2	7	8	3	9	6	5	1	4
1	3	6	4	2	5	7	8	9
9	4	5	7	1	8	2	6	3
5	1	3	9	8	2	6	4	7
8	6	7	5	4	3	9	2	1
4	9	2	1	6	7	8	3	5

94

4	9	8	7	3	2	5	6	1
2	3	6	5	8	1	9	4	7
5	7	1	6	4	9	2	8	3
6	4	2	3	9	7	8	1	5
3	1	7	8	6	5	4	9	2
8	5	9	2	1	4	7	3	6
7	6	3	4	5	8	1	2	9
1	8	5	9	2	3	6	7	4
9	2	4	1	7	6	3	5	8

95

1	7	4	3	8	5	6	9	2
9	5	6	1	2	4	8	7	3
2	3	8	6	7	9	5	4	1
4	1	5	2	9	6	3	8	7
7	2	9	8	4	3	1	6	5
8	6	3	7	5	1	9	2	4
5	8	2	9	1	7	4	3	6
3	4	7	5	6	8	2	1	9
6	9	1	4	3	2	7	5	8

96

8	6	3
5	7	9
2	1	4

7	2	1
6	8	4
5	3	9

4	9	5
3	2	1
6	7	8

4	9	7
6	2	8
1	3	5

3	1	6
4	9	5
2	7	8

7	4	2
3	8	1
9	5	6

8 > 6 > 3
9 > 5 < 7
1 < 4 > 2

5	1	9
2	6	4
7	8	3

97

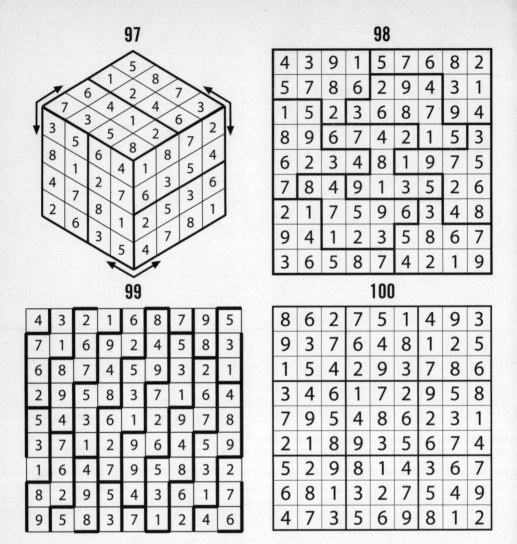

98

4	3	9	1	5	7	6	8	2
5	7	8	6	2	9	4	3	1
1	5	2	3	6	8	7	9	4
8	9	6	7	4	2	1	5	3
6	2	3	4	8	1	9	7	5
7	8	4	9	1	3	5	2	6
2	1	7	5	9	6	3	4	8
9	4	1	2	3	5	8	6	7
3	6	5	8	7	4	2	1	9

99

4	3	2	1	6	8	7	9	5
7	1	6	9	2	4	5	8	3
6	8	7	4	5	9	3	2	1
2	9	5	8	3	7	1	6	4
5	4	3	6	1	2	9	7	8
3	7	1	2	9	6	4	5	9
1	6	4	7	9	5	8	3	2
8	2	9	5	4	3	6	1	7
9	5	8	3	7	1	2	4	6

100

8	6	2	7	5	1	4	9	3
9	3	7	6	4	8	1	2	5
1	5	4	2	9	3	7	8	6
3	4	6	1	7	2	9	5	8
7	9	5	4	8	6	2	3	1
2	1	8	9	3	5	6	7	4
5	2	9	8	1	4	3	6	7
6	8	1	3	2	7	5	4	9
4	7	3	5	6	9	8	1	2